REVISION DE LA

LOI DES VOYELLES FINALES

EN ESPAGNOL

1

REVISION

DE LA

LOI DES VOYELLES FINALES

EN ESPAGNOL

PAR

ÉDOUARD POREBOWICZ

PARIS

LIBRAIRIE ÉMILE BOUILLON, ÉDITEUR

67, rue de Richelieu, 67, au premier

—

1897

REVISION DE LA

LOI DES VOYELLES FINALES

EN ESPAGNOL

A plusieurs reprises, la loi des voyelles finales en espagnol ou plus exactement en castillan a été l'objet de recherches sans qu'on en pût dégager une formule définitive. Dans certains cas, comme la chute de *-e* après toute une série des consonnes, l'espagnol suit la loi du gallo-roman et dans d'autres, comme la conservation de *-o* il s'en détache : ce désaccord a empêché, d'une part, de le placer franchement dans la famille occidentale et, d'autre part, de lui réserver, dans le domaine des langues romanes, une place isolée. Plusieurs points : le traitement de la finale dans les proparoxytons primitifs ; l'affaiblissement de *-o* après certains groupes de consonnes ; l'étendue de la chute de *-e*, — sont restés obscurs ; et comme l'étude des dialectes n'a pas été non plus exploitée d'une façon suffisamment fructueuse, les lois établies, quand bien même elles seraient d'une sûreté incontestable, ne doivent être considérées que comme des lois partielles, restreintes à un seul domaine et à une seule époque.

On peut de prime abord écarter la formule très insuffisante de M. Zupitza (1), qui a commis une faute par trop évidente en soutenant, que « seule la voyelle *-e* primitivement finale ou devenue finale par la chute de *-m* après les consonnes simples dans les substantifs... est exposée à tomber ». Cette prétendue règle se heurtera évidemment à des mots dont le radical se termine par une labiale ou par une double liquide : *trabe, llave, mil, aquel,* et par des anciennes formes verbales comme *diz, duz, faz, tien, val.* Les règles établies par M. Joret dans son remarquable article

(1) *Die westromanischen Auslautgesetze* (Jahrb. f. rom. u. eng. Phil., t. XII, p. 188 et suiv.

sur la loi des finales en espagnol (1) se distinguent par une grande précision ; toutefois l'auteur ayant pris pour base l'état actuel de la langue, il arrive que les règles générales sont très souvent contrariées par des exceptions ; de là un tableau assez compliqué. Un seul exemple : par suite du système qu'il a adopté, l'auteur a été forcé de parler à quatre reprises de la conservation de *e* à la 3e pers. de l'indicatif prés. de toutes les conjugaisons et des 1re et 3e pers. du subjonctif prés. de la 1re conjugaison. Dans les formes comme *mueve, bebe, ame,* où la consonne précédente est une labiale ; dans *cuece, sigue, escoge* où c'est une sifflante ou une gutturale ; dans *hiele, suene, quiere* où c'est une liquide ; dans *pide, hiede* où c'est une dentale, la voyelle aurait été conservée pour une raison morphologique. Or, si nous remontons au castillan du XIIe et du XIIIe siècle, nous voyons que la fonction du mot n'empêche point la chute de la finale : c'est plutôt de la consonne précédente que dépend son sort, de même que, pour la langue ancienne et pour la langue moderne, sa conservation dépend parfois de la consonne suivante, d'un *-s* par exemple. Aussi n'est-il pas nécessaire de rappeler l'usage fréquent et commun à tous les dialectes anciens, des formes, où la voyelle était tombée après les liquides et même après les dentales.

L'explication des formes *doce, auce, sauce* donnée par MM. Baist (Grundriss I, p. 699) et Meyer-Lübke (Gram. I, § 312) à savoir que dans *doce*, où *-e* se trouve précédé d'une consonne simple, la finale est conservée par l'analogie de *once*, où elle est double et par conséquent demande une voyelle d'appui ; que dans *auce, sauce* la voyelle labiale remplit de même le rôle d'une consonne, — ne semble pas être satisfaisante, vu le sort différent qu'a subi le même groupe *-lc* dans *calke = *coz*, *falke = *hoz*.

Ces raisons m'ont conduit à tenter une revision de la loi des finales en espagnol et à chercher une formule assez large pour embrasser tout le domaine, les dialectes y compris, tout en tenant compte de l'évolution de la langue. Le point de départ tout indiqué serait ce phénomène, le plus caractéristique de ceux qui ont permis de reconnaître la parenté entre l'hispano-roman et le gallo-roman, la parenté plus évidente que celle de l'espagnol avec

(1) Romania, t. I, p. 444-456.

l'italien, et beaucoup plus étroite qu'on a voulu l'admettre, — la chute de la posttonique (1).

Étant donné ce lien qui unit ces deux familles il est intéressant d'étudier dans quelle mesure la loi des finales gallo-romanes, qui est rattachée si étroitement au sort de la posttonique, peut-elle être appliquée à l'espagnol. Cette loi est très simple et d'une valeur absolue ; elle n'admet point d'exceptions : Tout *-a* latin long ou bref en français s'affaiblit en *-e-* (en provençal et en catalan il est également conservé sous la forme de *-a*, de *-o*, de *-e* qui comportent encore plusieurs nuances) ; — toute autre voyelle tombe dans les paroxytons, persiste dans les proparoxytons sous la forme de *-e* féminin (2).

La différence du traitement des paroxytons et celui des proparoxytons une fois supposée, la méthode indiquée sera d'étudier ces deux classes de mots séparément. Il n'y aura cependant qu'une classe pour *-a ; -u* passé à *-o* déjà en latin vulgaire, ne sera pas traité à part ; quant à *-i* affaibli de bonne heure en *-o*, il n'exigera de remarques que pour sa conservation dans les diphtongues finales.

a

Règle générale : *-a* latin persiste ; dans certaines conditions, à

(1) Contrairement à l'opinion soutenue encore par M. Brachet (Jahrb. VII, p. 301 et suiv.) qui distinguait d'un côté le groupe franco-provençal supprimant la posttonique et de l'autre le groupe italo-espagnol où l'accent peut porter sur la pénultième, M. Meyer-Lübke (Gram. I, § 278) établit la division rationnelle : « une classe qui conserve en général l'accentuation dactylique, l'autre qui admet l'accentuation trochaïque et laisse tomber la posttonique. A la première classe appartiennent la Roumanie, la Rhétie orientale et la plus grande partie de l'Italie, à la seconde se rattachent l'Émilie, la Rhétie occidentale, la Gaule et la péninsule ibérique. En effet, la tendance de faire tomber la posttonique à l'exception de *-a* est bien marquée en espagnol ; une grande partie des *sdruccioli* qui s'y trouvent peuvent être expliqués par l'origine savante.

(2) Quant à *-e* nommé voyelle d'appui et qui apparaît dans des paroxytons comme emperere, pire, sempre, etc., et après les groupes formés d'une consonne et d'une sonnante (tr, cr, pr, vr, mn, ln, lm), il a été démontré (M. Lubke Gram. I, § 313), que ce n'est pas un *-e* primitif, mais un *-e* développé spontanément par le changement de fonction de la liquide. Les groupes *rm*, *rn*, *nl*, *rt*, *rf*, dont le premier élément est une sonnante qui forme avec la consonne une sorte de diphtongue, ne demandent pas de voyelle d'appui.

savoir sous l'action d'un -*s* suivant et d'un -*i* accentué dans la terminaison -*ia*, -*a* s'affaiblit en -*e*; un fait analogue se produit en provençal et en catalan anciens et modernes.

Pour les dialectes de l'ancien espagnol on ne saurait trop recommander de se tenir en garde contre la statistique, faite sur les poèmes et les chartes du XIIe et du XIIIe siècle et destinée à faciliter la reconstitution des anciens parlers ; dans son étude sur le poème d'*Alexandre* M. Morel-Fatio a avec raison signalé l'insuffisance de ces documents pour un tel usage (1); quand un texte a passé par les mains de plusieurs copistes, fût-il originairement écrit dans le plus pur asturien ou léonais, il finit par présenter un mélange de formes phonétiques et morphologiques qui ne permettent pas de reconnaître la couche primitive. Ainsi le *Fuero juzgo* de la Bibl. nat. (Fond esp. n° 256) présente au même degré les formes asturiennes et léonaises ; ainsi le ms. Campomanes du *F.j.* de Madrid est pour les uns (M. Gessner) (2) un texte léonais, pour les autres (M. Hanssen) (3), avec plus de raisons un texte asturien. Si à ces réflexions on ajoute que, dès les plus anciens textes léonais, l'élément castillan domine sur l'idiome local ; que le *Fuero de Avilés* (4) réputé le plus ancien document en dialecte asturien (il porte la date de l'an 1155) est une falsification du XIIIe siècle ; que sous la plume des scribes demi-lettrés, prétentieux ou pédants les formes latines se mêlaient très fréquemment à la langue vulgaire, on concevra l'impossibilité de recréer les anciens dialectes d'après les documents juridiques. Malgré tout, ce sont encore des témoins plus dignes de foi que les œuvres littéraires telles qu'elles se présentent dans leur forme actuelle. Les poésies de Berceo, le *Libro de Alexandre*, l'*Apollonio* sont écrits en une langue qui au fond est castillane, mais qui a été sensiblement retouchée par les copistes léonais. En analysant l'*Alexandre*, M. Morel-Fatio (Rom. IV, p. 29) a même été porté à supposer « l'existence d'une langue littéraire représentant le dialecte spécial des poètes qui l'avaient consacrée par des œuvres importantes et qui s'imposait naturellement ».

(1) Rom. IV, p. 7-90.
(2) Das Leonosische. Berlin, 1867.
(3) Estudios sobre la conj. leonesa. Santiago de Chile, 1896.
(4) Ed. Fernandez Guerra. Madrid, 1865.

Malgré la méfiance, pleinement justifiée d'ailleurs, qu'on peut opposer à la statistique des formes relevées dans les anciens textes, il ne sera pas sans profit d'examiner de près les faits phonétiques qui s'y présentent ; à l'aide de la dialectologie moderne on pourra même déterminer les limites de quelques traits particuliers.

Nous ne prendrons en considération que les dialectes castillan, asturien et léonais ; l'anc. aragonais, qui n'est pas documenté d'une façon assez sûre, aurait, quant aux finales, suivi les règles propres au castillan. (Cf. Amador de los Rios, II, p. 402, 584 et suiv. ; Morel-Fatio, Grundr. I, p. 672.)

Donc pour le traitement de *-a* final nous relevons l'état de choses suivant :

En castillan les substantifs fém. au sing. et au plur. après toutes les consonnes et sans subir l'influence de *-i* précédent conservent *-a*. Cid : *diestra, dubda, dubdança, corneia, saña ; -maña[na]* assuré par l'assonance *far :* cavalcar : grand 323 est une forme apocopée, fréquente aussi dans les romances ; — *ruin* ne vient pas de *ruina* (comme le veut M. Joret), mais bien de **ruinŭ :* cf. *ruin, ruinu* en asturien.

L'imparfait les formes en *-ie* sont de beaucoup plus fréquentes pour toutes les personnes sauf les 1res du sing. Cid : 3e sing. *avie* 6, *vinie* 456, *yxie ;* 3e plur. *avien* 18, *yen* 21, *sedien* 3595, etc., à côté de *avia*, etc. Hita : (tragonia) : *debia,* (dia) : *yasia* 284, mais *riye, vistie, valien* 1218.

Le conditionnel présente le même affaiblissement de la finale en ancien castillan : Cid. 1re pers. sing. *abria* 490, *queria* 538 ; 3e sing. *perderie* 27, *podrie* 310 : 3e plur. *osarien* 64, *quedarien* 162, *legarien* 508, à côté de *queria* 538, *dirian* 19. — Hita *osaria :* (ledania) 738 à côté de *temerie* 1527.

Le léonais tel qu'il se retrouve dans les chartes (Esp. sagr. vol. 36) et dans l'Alexandre — (pourvu que l'élément léonais y soit assez documenté), — présente les deux formes (1) : 1re sing. *sabia* Cart. Al. 1, *avie* ibid. 2 ; *veya* Al. 905, — la forme en *-ie* beaucoup plus rare. — 2e sing. *corries* Al. 443 et *avias* Al. 36. — 3e sing. *solia* Esp. sagr. p. 229 ; *solie* Al. 1019, *tollie* ib. 391,

(1) Relevées par M. Hanssen (Conj. léon.).

veye ib. 1256 ; — 3e pl. *solian* Esp. sagr. p. 216, *solien* ib. p. CLXII ; veyan Al. 1235. Cette forme en *-ie* correspond bien à l'affaiblissement de la voyelle sous l'action de -*s* suivant : *forcies* (= cast. forcias) relevé dans Esp. sagr. p. CLXII.

L'asturien préfère la forme non affaiblie : 3e sing. *facia* J. Guerra à la date de 1245 ; Avilés *avia* 73, 74 ; *avria* 78, *podia* 99. De même l'ast. moderne, comme l'attestent Caveda (1) et M. Munthe (2). Cependant -*a* passe à -*e* dans la 3e pl. de l'imparfait de la 1re conj. : *usaben, mataben, estaben*. Cav. p. 6 et dans le nom. plur. des subst. fém. : *les fades* ib. p. 9, *piernes, peñes*, p. 11, etc. (3).

(1) Coleccion de poesias en dialecto ast. Oviedo, 1839.

(2) Anteckningar om Folkmålet i en trakt at vestra Asturien, Upsala, 1887.

(3) M. Hanssen, dans une dissertation intitulée : Sobre la formacion del imperfecto de la 2a i 3a conj. cast. en las poesias de Berceo, Santiago, 1894, a fait une hypothèse intéressante concernant la valeur rythmique qu'avaient les terminaisons -*ia*, -*ie*, etc. Après avoir recueilli et pesé plusieurs milliers de cas, il croit pouvoir établir le schème suivant : *tenía, teniés, tenié, teniémos, teniédes, tenién*, où l'accent serait descendant dans toutes les personnes à l'exception de la 1re, par conséquent la terminaison ne compterait que pour une syllabe. Il est vrai que, d'après la statistique établie par M. Hanssen, les formes -*ia* pour la 1re pers., -*ié* pour la 3e seraient les plus usitées. Il semble toutefois aller trop loin, quand il ne veut faire valoir que les formes hypothétiques de son tableau, en écartant contre toute évidence les formes en -*ias*, -*ies*, -*iamos*, -*iemos*, *ian*, *ien* dissyllabiques, surtout à la fin du vers, où pourtant elles sont aussi fréquentes qu'assurées par la rime, p. ex. : romeria : ermitania : *vivia* : Maria S. Millan 187. L'ancienne versification castillane permettait de compter ces terminaisons de l'imparfait (à quoi il faut ajouter le conditionnel) pour deux syllabes, c'est-à-dire faire descendre l'accent sur la seconde voyelle, tout en conservant la diphtongue intacte, mais il paraît que ce transport de l'accent était interdit à la fin du vers. A l'appui de la prononciation -*ié* M. Hanssen ne cite qu'un exemple sûr, celui de S. Oria 148, où *sedien, entendien, habien* riment avec *bien* ; l'autre tiré de *los Reyes de Oriente* (Sanchez (1) p. 319) où *sabien* rime avec *bien*, se trouve dans un vers corrompu ; on peut y ajouter la str. 1283 de Hita, où *fasien, desien* riment avec *delien, bien*, et le vers douteux du Cid 297, où le mot *salie* se trouve en assonance avec : Bivar : valdra, par conséquent exigerait une correction (peu possible) en sahá. Pour la 1re plur. il cite l'imparfait *ganariemos*, rimant avec le parfait merecìemos ; ficiemos, ce qui ferait

(1) Poetas castellanos anteriores al siglo XV. Madrid, 1864.

-i-

-*i* s'affaiblit régulièrement en -*e* (viginti -*veinte*) et reste sous cette forme, p. ex. : dans la conjugaison (sabes, sabe, sabedes, supe, supiste, supistes, etc.); on pourrait ajouter quelques cas où -*i* reste, mais ce sont des cas morphologiques : à noter la conservation de -*i* comme signe caractéristique du parfait (*odi, fui*, léon. *fui*, ast. *foi*). M. Hanssen (1) a relevé plusieurs formes en -*i* pour la 1re et 2e pers. sing. du parfait : (Conj. en -*ui*) *jogui* Duelo 17, *ovi* Mil. 250, *pudi* S. Dom. 609, *tovi* Duelo 162, *sovi* Mil 751, *estovi* S. Oria 197. — (Conj. en -*i*) *fici* S. Laur. 66, *vidi* Duelo 18. — (Conj. en -*si*) *dissi* Mil. 542, *prisi* Mil. 204, *pusi* S. Mill. 657. — De même *ovisti* S. Mill. 114, *quisisti* S.

également supposer la prononciation monosyllabique de la diphtongue -*ie*. Ces cas exceptionnels, quand même feraient-ils admettre telle prononciation, ne sauraient prévaloir contre les témoignages anciens et modernes qui défendent expressément cet abus à la fin des vers; quant à l'intérieur, l'emploi des formes -*ía*, -*ié* cesse complètement dans la poésie érudite et artistique des maîtres en Gay saber, comme p. ex. dans le Cancionero de Baena, le Cancionero de Gomez Manrique, etc. La manière archaïque entra de nouveau dans la poésie castillane sous l'influence de l'italien au xvie siècle et D. José Gallardo dans une lettre adressée à D. Miguel J. Moreno (Viñaza (1) p. 1048) s'en plaint en attribuant cet abus au mauvais exemple de Garcilaso qui écrivait :

Hermosas Ninfas que en *rio* metidas...

Mais cette licence ne s'étendait pas jusqu'aux syllabes finales; Fr. Cascales dans les Tablas poeticas 1617 (Viñaza, p. 942) confirme la règle : « La contraction ne se fait jamais à la fin du vers, p. ex. :

Furioso contra mi et Frances *venia*.

Ici *venia* ne peut pas être contracté; au contraire il le peut à l'intérieur du vers, comme :

El Frances contra mi *venia* furioso. »

Malgré la campagne menée par les puristes comme D. José Gallardo, cet usage s'est conservé jusqu'à ce jour.

(1) Sobre la conjugacion de G. de Berceo. Santiago, 1894.

---

(1) Biblioteca hist. de la filologia castellana. Madrid, 1893.

Mill, ib. etc. Ces formes ne se trouvant pas ailleurs, on ne saurait les considérer comme des formes primitives ; elles auraient été forgées par Berceo à l'usage de sa langue littéraire, par dédain du sobre castillan ; aussi M. Hanssen semble-t-il avoir tort de les placer dans son tableau de l'ancienne conjugaison castillane (Conj. léon., p. 41) et de les opposer aux formes léonaises et asturiennes qui présentent le traitement phonétique.

L'affaiblissement progressif de la finale fut cause dans la conjugaison espagnole de modifications plus graves en faisant tomber l'*-e* issu de *-i* après certaines consonnes ; ce phénomène manifestant une régularité remarquable, sera traité dans les pages suivantes.

-o (-u) DANS LES PAROXYTONS

-o final dans les paroxytons, qu'il soit étymologique, qu'il représente l'*-u* latin affaibli, persiste après toutes les consonnes. Cette règle générale est contrariée dans plusieurs cas particuliers pour des raisons diverses : 1) *-o* peut tomber dans des mots employés en prosthèse. 2) Sa chute apparente est due au changement de suffixe, et bien que ce soit un fait morphologique, les raisons qui l'ont amené semblent relever aussi de la loi des finales. 3) Enfin *-o* peut être altéré et même peut tomber réellement sous l'action de la consonne ou du groupe de consonnes précédentes.

Constatons, dès l'abord, que l'*-u* qu'on trouve en ancien asturien (*corderu, hermanu, maridu, moru, facemus, otorgamus, furum, algunu* Avilés, et qui est conservé en asturien moderne (*güechu, feitu, vieyu ;* 3e pl. du parfait *falanun, rumpienun* (Munthe, p. 18) ne présente pas l'*-u* primitif, mais bien comme le sarde ou le sicilien un *-o* complètement labialisé.

1) *o-* tombe par suite de sa position prosthétique. M. Joret veut distinguer la prosthèse dans *buen, mal, un, primer, poster, mi, tu, su,* — de l'apocopé dans *cien, desden, san, segun, tan* et *postré* pour *postrero*. Il est vrai que dans cette dernière série la syllabe entière est tombée, il semble toutefois que c'est aussi l'emploi prosthétique qui en a été la cause ; l'apocope ne s'est pas opérée d'un coup, mais progressivement ; comparez *cient, sant*

en anc. espagnol. Seul le mot *desden* ne s'explique pas par la prosthèse, mais c'est un mot d'origine étrangère.

2) Le changement de suffixe dans les substantifs et les adjectifs a produit une grande révolution dans l'économie de la langue espagnole : nulle part ailleurs ce principe n'a eu une application si étendue. Les suffixes *-anus, -inus, -ŭnus* ont passé à *-anem, -inem, -onem ; -aceus, -iceus, -uceus* à *-acem, -icem, -ucem ; -alus, -ellus, -olus, -ulus* à *-alem*, etc. Il est juste de se demander quelle était la raison de cette tendance dépassant toutes les autres langues romanes. On est tenté de la voir dans l'effort de l'ancien espagnol pour marcher, quant à la loi des finales, dans la voie du gallo-roman, c'est-à-dire, de la faire tomber tant qu'elle n'est pas protégée par sa position proparoxytonique. Il est même prudent de ne pas attribuer toujours au changement de suffixe ou bien à la prosthèse la chute de *-o* très répandue en anc. espagnol :

Après *l : nul* Avilés 27 ; *aquel ; al* (= aliud) Hita 144, *abedul*. — Après *r : ver* Mist. R. Mag. 15 ; *mester, agur ; volunter*. Al. 64 ; *adur* (= addurum) Al. 211 (1). — Dans plusieurs documents comme C. de L. y C. (2) I, p. 12 ; Avilés 56, on trouve la forme *el iuro* pour *iure*, et à côté d'elle *el iur* F. j., Esp sagr., p. 277 ; F. Guerra, a. 1242, 1258 ; on peut donc regarder le mot *iur* comme provenant de *ïuro*. — Après *n : afan, ademan, amen, don, ningun, roin* et *ruin*. — Après *m : com* (= como) F. j.

Après *d : ardit* rimant avec convit : pid (= pide) et lid Hita 42, Cid 184, 361, Al. 5, 19 ; *tod* F. j., p. XI, p. 8, p. 47 ; *tot* et *toth* Avilés 19, 28. — Après *z : sohez, beudez* Al. 1323.

Après *x : relox, carcax* (= carkesium), *boj* (= buxum). — Après *ch : much* presque régulièrement dans le Cid ; la chute de *-o* est assurée par la forme asturienne *moyt* Guerra 1258 et par *muy* actuel.

Après les groupes *nt* et *nd : cient*, la seule forme usitée dans les anciens textes ; *ardiment* Cid 549, *convien* et *convient*. Guerra 1273 ; *quan* et *quant* Avilés 43, 51 ; *alquand, ningund,*

(1) Pour ces deux derniers mots M. Morel-Fatio (Rom. IV, p. 52) admet l'effet de leur fonction adverbiale.

(2) Cortes de los ant. reynos de Leon y Castilla. Madrid, 1861.

segund; inutile de multiplier les exemples de ces formes communes à tous les documents.

Après *st*: *aquest* Mist. R. M. 16.

Nous évitons les textes où l'on pourrait supposer l'influence du catalan, ainsi *seny* (= señ) dans Mar. Egip. ou *de jus*: (= juso) dans un texte aragonais cité par Am. de los Rios, II, p. 586.

La forme *franc* Alex. 6, 66, est isolée et probablement d'origine étrangère.

Sans doute l'emploi prosthétique de la plupart des mots cités ci-dessus a contribué à la chute de la finale, mais c'est toujours la qualité de la consonne précédente qui l'a admise et il est à remarquer, qu'après les mêmes consonnes, comme on le verra plus loin, *-e* manifeste la tendance encore plus marquée à disparaître.

Il faut noter la conservation anormale de *-o* dans la 1re sing. du subjonc. fut., restreinte toutefois à la langue spéciale des poésies de Berceo : *tornaro* S. Oria 104, *salliero* Mil. 325, *fallesciero* Mil. 527, etc. ; dans les autres textes castillans on trouve partout *-e*: *oyere* Apol. 77, *quisiere* Apol. 183.

Sous l'action de l'explosive + sonnante *tr* *-o* a passé à *-i*, *-e* dans les formes *otri, otre, altre,* appartenant aux dialectes asturiens et léonais F. j., p. 18, 31, 50 ; C. de L. y C., p. 15 ; Avilés 18, 52 ; — à comparer dans les mêmes dialectes *esti* = iste. M. Joret constate cet affaiblissement secondaire dans les mots *cabe, befre, cofre, cobre, golpe, libre, ensemble, Enrique, Felipe, Jaime.* Le premier mot paraît être un substantif verbal formé de la 3e sing. du prés. ; *golpe* ne présente pas un traitement régulier (1) ; dans *ensemble* *-e* n'est pas étymologique ; les formes des trois noms propres cités peuvent être expliquées vraisemblablement comme des restes de vocatifs ; dans les autres la modification de la voyelle est bien due à l'action du groupe des explosives + sonnantes, propre aux proparoxytons primitifs, comme on le verra plus loin.

(1) M. Meyer-Lübke (Gram. II, § 41) le considère comme un mot d'origine française.

-O DANS LES PROPAROXYTONS.

Contrairement au gallo-roman l'espagnol peut conserver l'-*o* après toutes les consonnes et groupes de consonnes; néanmoins dans les mêmes conditions on rencontre un -*e* au lieu d'un -*o* régulier, sans que la raison de cette divergence se laisse formuler en loi.

Après la chute de la posttonique les groupes suivants sont devenus finales (1):

Explosives + sonnantes. -*pr* : enebro à côté de pobre; -*br* : befre; -*pl* : escoplo, pueblo à côté de poble Mist. R. M.; -*pn* : carpe, timbre; -*kl* : ladrillo, membrillo (periglo, vestiglo, siglo, çeniglo dans Hita 982); ojo, viejo, manejo, hinojo, lijo Hita 921 (que M. Parodi, Rom., XVII, p. 69 explique par lutulu, galic. lukulo); cacho, mocho avec *pl*, *tl* passés à *kl* : sacho, etc. à côté de espiche; -*tl* : cabildo à côté de molde, rolde, tilde; -*tr* : poltro, potro, à côté de peltre; -*km* : diezmo; -*kn* : durazno, rezno à côté de cisne; -*sn* : asno, fresno.

Explosives + explosives. -*pd* : limpio, tibio, sabio, rubio, turbio, raudo; -*bt* : beodo, codo, -*vt* : leudo; -*kd* : mostio, marcho, sucio; -*gt* : dedo; -*gd* : recio; -*tk* : corcho; -*dk* : juzgo; -*kt* : trecho, pecho; -*ks* : anejo.

Le suffixe -*atiku* donne régulièrement -*azgo* : plumazgo, hyerbadgo F. mun. (2), p. 329; les formes en -*aje*, Diez les explique par l'influence du provençal et quoique M. Joret s'y oppose, cette explication est confirmée par des innombrables formations tout à fait artificielles dans les Cancionero de Baena et de Gomez Manrique: *gaje, potaje, brevaje, fardaje, oraje*, etc., créées pour la rime. M. Joret cite la forme *barnax* présentant la chute de -*e*. On peut y ajouter: *mensag, tablag* Hita 73, 528.

Le suffixe -*diku* donne régulièrement -*dgo* : *piezgo* ; mediku aurait donné *miezgo* ; donc les formes *miege, mege* (F. j.) sont empruntées au provençal et au français.

Explosives + sonnantes. -*rd* : tordo, gordo; -*lp* : polpo; -*lk* :

(1) Nous prenons pour base le latin.

(2) Coleccion de Fueros municipales p. D. Tomas Muñoz y Romero. Madrid, 1847.

galgo, fuelgo ; *-lt :* eneldo ; *-ld :* sueldo, caldo, pardo ; *-nk :* mango ; *-nj :* risueño ; *-lj :* coscojo ; *-rk :* lóbrego (par suite de son origine savante resté *sdrucciolo*) ; *-nt :* tonto ; *-mt :* duendo.

Sonnantes + sonnantes. *-rm :* yermo ; *-ml :* colmo (par métathèse); *-mn :* dueño.

Les raisons qui ont produit cette divergence sont impossibles à déterminer. Ce n'est pas le rapport chronologique de la syncope à l'affaiblissement de la finale, comme on pourrait le supposer d'après *corcho* (syncope postérieure) contre *traje* (syncope antérieure), car *ojo, sacho* et *espiche* ont perdu leur posttonique déjà en latin vulgaire et pourtant ils donnent des résultats différents. Ce n'est pas non plus toujours la qualité des consonnes, puisque nous trouvons *molde, tilde, rolde,* à côté de *cabildo,* mot très ancien, car il se trouve dans un document asturien de 1266 cité par M. F. Guerra. Il faut donc regarder ce *-e* comme un phénomène secondaire, assujetti à une loi indéfinissable de sélection, dont le génie de la langue seul possède le secret. Si toutefois nous examinons la série des formes citées plus haut, nous apercevons que cette modification secondaire de la finale n'a eu lieu qu'après les groupes, dont le second élément est une sonnante, c'est-à-dire qui sont issus des proparoxytons. Les paroxytons en *-e* comme *aceite, bosque, catre, golpe,* sont évidemment des mots d'origine étrangère. En outre, grâce à la théorie du changement de fonction de la sonnante (1), ces groupes laissent supposer des proparoxytons primitifs même dans les cas où, en apparence, le latin présente des paroxytons, comme dans *cobre, libre* (cup[e]ru, lib[e]ru). Il est vrai que ces derniers, se trouvant en minorité vis-à-vis des formes en *-o : agro, astro, cuadro, labro, magro, negro, suegro, vidro,* sont considérés comme des anomalies, aussi nous n'essaierons pas avec ce petit nombre d'exemples de déduire une loi quelconque ; nous voulons seulement retenir, que la modification de *-o* en *-e,* là où elle a eu lieu, est propre aux proparoxytons et conclure que le facteur rythmique en est la cause (2).

(1) Cf. Meyer-Lübke, Gram., I, § 343.

(2) Dans *tilde, molde, rolde* ce changement serait peut-être dû à l'absorption de la force nécessaire pour articuler le groupe qui s'est formé par métathèse ; dans *otre, cobre, befre* à l'affinité de *tr, br, fr* avec la voyelle de la série palatale.

-e-

En reprenant le tableau compliqué des règles établies par M. Joret pour la voyelle *-e*, nous essaierons de démontrer que la qualité des consonnes précédant ou suivant la finale, pas plus que la fonction morphologique des mots, ne sont les seuls facteurs de son sort ; d'un côté, en effet, nous rencontrons des groupes, des temps, des modes, auxquels les règles de la conservation de la voyelle ne s'appliquent pas avec rigueur, et de l'autre nous voyons l'*-e* résister malgré les consonnes qui devraient amener sa chute. Comme le premier cas n'arrive qu'aux paroxytons primitifs et le second ne se rencontre que dans des proparoxytons, il conviendra de traiter séparément les deux séries des formes et d'étudier sur elles l'action du principe rythmique (1).

-e DANS LES PAROXYTONS

α) *-e* persiste suivi d'un *-s* : *flores, amades, tuvistes,* etc.

β) Si l'on voulait déduire une règle de l'état actuel de la langue, il faudrait dire que les groupes de consonnes empêchent la chute de *-e;* ainsi nous avons *fuente, valle, hambre, humilde, noche* (dans lequel mot la palatale représente le groupe *kt*). Mais ce serait un point de départ incompatible avec l'histoire et le génie de la langue que nous avons supposée, comme suivant, quant aux atones, la même voie que la famille gallo-romane. Dans tous les dialectes de l'ancien espagnol nous pouvons observer la chute de *-e ;* elle n'est ni générale ni régulière mais cependant assez fréquente pour constituer un fait certain, après les groupes *-nt* et *rt,* même après *-rn, -st, -tz, -nz,* c'est-à-dire après ceux qui en français et en provençal se maintiennent sans appui. Ainsi *grant* presque régulièrement dans Cid, très fréquemment dans les anciens textes ; *adelant* Cid 263, 641 ; *alent* Cid 1150, F. Guerra 1216 ; *davant* Avilés 24 ; *dont* Cid 313 ; *porend* Cid 357, Hita 77 ; *desend* F. j ; *puent* Cid 150, 290 ; *mont* 3280,

(1) Pour faciliter la revue des règles, nous les discuterons, autant que possible, dans l'ordre établi par M. Joret, en simplifiant toutefois sa division.

fuent 2700 ; les participes prés. *pesant* Berc. Mil. 665, *quemant* Mil. 324, *vidient* S. Dom. 565, *valient* S. Mill. 202, *ixient* S. Dom. 565, etc.

Après *-rt : part* Cid 314, 985, *art* 575, *cort* 962, *fuert* 2691, *muert* 2670.

Après *-rn : carn* Cid 375 dans une assonance masculine.

Après *-lz : duz* Hita 107, 108, assuré par la rime : andaluz, marfus, adus.

Après *-nz : alcanz* Cid 936, *estonz* F. j.

Après *-st* dans la 2e sing. du prétérit : *fecist* Cid 331, 332, *pusist* 333 ; *fuist* Berc. S. Dom. 765, 768.

Après *-ll* dans *val, cal -e* est tombé à cause de la prosthèse ; après *-ss* dans le subj. du prétérit comme *valies* Berc. Sacr. 122, *debies* S. Laur. 74, *vinies* Loor. 101, *sovies* S. Mill. 213, etc., la chute s'explique par ce fait, que le groupe *-ss* s'est réduit à *-s* de très bonne heure ; ainsi messem donne *mies*, qui se trouve à côté de *miese* et *miesse* dans les différents manuscrits du F.j. pp. 139, 140, 146.

Évidemment l'ancienne langue hésitait entre les deux formes également légitimes, et cette hésitation prouve que l'*-e* dans les paroxytons a dû, à une certaine époque, être si peu stable, qu'il était prêt à tomber facilement. Un exemple très remarquable de l'instabilité de la finale dans les paroxytons se trouve dans *noche*. Ce mot, dont les correspondants : provençal *nuech*, catalan *niu*, français *nuit* se passent de la voyelle d'appui, présente en ancien castillan la même tendance. Comme analogie de *much* nous trouvons la forme *noch* très fréquemment dans Cid, assurée par le rythme et par l'assonance : v. 72, 137, 222, 421, 2691, etc. Puisqu'il y a eu une époque où le groupe *kt* passé à -é a pu être prononcé sans voyelle d'appui, la forme *noch*, résultat de la palatalisation antérieure à la loi des finales, était la seule légitime. Mais parallèlement à l'action de l'apocope la tendance à faire triompher les terminaisons vocaliques commençait à agir et c'est elle qui définitivement l'a emporté.

γ) *-e* persiste après les labiales dans la déclinaison aussi bien que dans la conjugaison : *llave, trabe, sabe*. Il faut remarquer que la labiale est la seule consonne, après laquelle en espagnol l'*-e* n'est tombé à aucune époque : la raison en paraît être la suivante : en espagnol la chute de la finale est postérieure à l'affaiblissement de l'explosive sourde, par conséquent les sourdes ont passé aux sonores quand elles se trouvaient encore en position médiale. Or tandis qu'après la chute de la finale, la dentale sonore est devenue une spirante et les gutturales se sont en partie palatalisées (ces deux cas ne demandent pas un *-e* d'appui), — les labiales, restées à l'état d'explosives sonores ou de continues, ont pour leur articulation besoin d'une voyelle qui par conséquent ne peut tomber. Plus tard, les formes à radical labial : *mueve, bebe* ont entraîné les autres comme *duele, quiere, sueñe, cuece,* dont la voyelle était près de disparaître et par ce fait ont uniformisé la conjugaison.

Mais fait remarquable : la labiale elle-même n'a pas résisté à la tendance générale : dans les anciens textes castillans nous trouvons des formes comme *nief* Cid 40 et *nief* (= nevem) plusieurs fois dans Hita : 445, 925, 930, 938, 996, écrit aussi *nieve,* mais assuré par le rythme.

δ) *-e* persiste après les gutturales ; les mots qui y appartiennent sont d'origine étrangère : *arenque, duque ;* en espagnol *-e* après une gutturale n'apparaît que dans les formes verbales *dixe, truxe* influencées par *sabe ;* le mot *barnax* montre bien que la gutturale n'a pas eu la force suffisante pour préserver la finale de la chute (1).

La disparition de *-e* après toutes les consonnes sauf les labiales était près de s'accomplir dans les anciens dialectes ; jusqu'au xve siècle la langue manifeste une hésitation remarquable à employer les formes apocopées à côté des formes complètes dans tous les cas, où aujourd'hui *-e* fut définitivement restitué, c'est-à-dire dans la 3e sing. de l'indicatif prés. et dans la 2e sing. de l'impératif de la 2e conjugaison romane (2e et 3e latine), ensuite dans la 3e sing. du subjonctif futur.

α) Nous observons la chute de *-e* après les liquides *l, r, n ;* quant à *m*, cette consonne remplit la fonction d'une labiale. Pour

(1) La restriction que fait M. Joret pour « -e après un -ç assibilé et non changé en *-z* » repose sur un malentendu. Tant que *ç* se trouve en position médiale, il ne peut pas être prononcé comme sonore, et en revanche, la finale une fois tombée, *-ç* ne peut plus rester à l'état de sourde et passe à *-z* sonore.

le castillan : *chal* ou *cal* Cid 230 ; *val* Apol. 10. — Impérat. *val* Mist. R. M. 34, *val* Apol. 402. — Subj. fut. *quisier*, *fur* et *fuer*, *tomar*, *matar* C. de L. y C. I, p. 13 ; *atemptar* p. 21, *prendier* p. 52, *tovier*, p. 54 ; *ovier*, *quier* Esp. sagr, p. 234, *pasar*, p. 235 ; *tien* F. j. ms. Bibl. R.

Pour l'asturien : *val* F. Guerra, 1242, 1258, 1264. — Subj. fut. *for* 1219, *quisier* 1274. — 3e prés. *ven* 1264, *tien* F. j. ms. Campomanes, p. 4.

Pour le léonais : *val* F. mun. I, p. 73. — 3e prés. *quier* Esp. sagr. p. 229. — Subj. fut. *atentar*, *movier*, *sovier*, *tovier*, *sopier*, *podier*, etc. dans les documents cités par M. Hanssen (Conj. léon.) ; *tien* 3e prés. *tien* Al. 258, *pon* Al. 77, *vien* Al. 377. — Impérat. *tien* Al. 758.

β) -*e* peut tomber après la dentale ; son affaiblissement s'est accompli d'une façon progressive et on peut suivre toutes ses phases. Une trace de -*d* médiale se trouve dans Cid 2370 : *trinidade ;* la spirante *đ* est attestée par la graphie *th* très fréquente dans les anciens textes : *poth* Avilés 83 ; la chute s'est opérée dans le castillan et l'asturien modernes. L'hésitation a lieu depuis les plus anciens documents et on ne peut pas tracer sa limite.

En ancien castillan à côté de *puede*, *pude* on trouve 1re sing. du parfait *pud* : virtud Hita 885 ; 3e sing. du prés. *pued* F. j. ms. de Murcie ; *ygualdade*, *maldade*, *prode*, *lide* à côté de *verdad*, *prod*, *lid* F. j. ms. Estud. R.

La même incertitude pour l'ancien asturien et l'ancien léonais ; le F. j. B. N par ex. a *verdade*, *cibdade* à côté de *dignidat*, *karidat* ; 1re sing. du parfait *pud* Al. 1106 ; 3e sing. du prés., *pued* Al. 320, à côté de *yde* Al. 1449, *dade* Mem. hist. esp., II, p. 102 (1).

(1) D'après ces deux derniers exemples M. Hanssen (conj. léon.) a voulu reconstituer *amade estade*, *seede*, *seguide*, etc., pour toutes les 2es pers. plur. de l'impératif en anc. léonais ; il y a une grande exagération, la forme ordinaire étant : *ferit* Al. 198, *sabet*, *seet*, *det*, etc ; le *t* au lieu de *d* n'est qu'une variété graphique et contrairement à l'opinion de M. Meyer Lübke (Gram. I, § 435) on ne pourrait croire à sa prononciation sourde d'abord, parce que l'hésitation de la graphie s'y oppose et ensuite parce que la réchute dans le développement de la spirante *d* ne saurait se comprendre en espagnol qui présente la tendance très marquée de mettre une sonore à la finale.

Les mss. Campomanes, Escorial et Bexar du F. j., supposés asturiens présentent : *meatad, vertut, maldat, lid* à côté de *meatade, vertude, proe* (= prode), *lide* ; J. Guerra cite *heredade* 1237 à côté de *poth* et *pot* Avilés 23, 83. En somme -*e* final ne s'est consolidé que dans le léonais moderne.

γ) -*e* tombe après *s* : *pages, montes*. A noter *quis* (= quise) Al. 904.

δ) -*e* tombe après *z* : *coz, hoz, faz, paz*. Comme pour *d*, l'ancienne langue montre une hésitation à faire tomber l'-*e* non seulement dans les formes verbales, mais aussi dans les substantifs ; Mist. R. M. donne *pace* 87 ; le ms du F. j. de Murcie *coz*, les mss Estud. R. et Bibl. R. 2, 3, *coze*, p. 77. Pour les substantifs les formes en -*e* sont généralement rares; en revanche une confusion complète règne pour le traitement de -*e* à la 3e pers. du prés. et même à la 1re sing. du parfait.

L'ancien castillan. Déjà dans le Mist. R. M. nous trouvons la graphie par -*e* : *face, iace* 127, *place* 129 sans qu'on puisse, à cause de l'irrégularité des vers, se déterminer d'après la rythmique. — Hita donne *yaz, faz*, rimant avec *solaz* 4, 1355, mais *yase* 271, *crece* 667, *fase, yase, plase; enlase* 508. — Cid *plaze* 625, 626 à côté de *plaz* 539, 670. — Berceo *fiz* S. Mill. 19, *aduz* Sacr. 104 à côté de *fici, fice* et même très fréquemment pour la 3e sing. du parfait, *diz* (Hanssen, Conj. de Berceo, p. 44).

Même hésitation dans l'asturien et le léonais. Les doubles formes s'entremêlent de telle façon qu'il faut renoncer à tirer parti de la statistique et qu'il faut voir dans la double graphie la phase intermédiaire d'un phonème qui n'est pas encore complètement effacé, mais qui n'a plus que la valeur d'une semi-voyelle.

F. de Avilés a généralement *diz, faz* ; le F. j. B. N. *diz* et *dize, faz* et *faze* ; *plaz nos* dans une formule qui revient constamment. F. j. mss. Campomanes, Bexar, Bibl. R., Escorial *faz, diz*. De même *yaz* Al. 2080, *plaz* « 293, *fiz* » 1533.

En résumé, on peut dire que le castillan conserve plutôt la finale, les dialectes asturien et léonais la font plutôt tomber, ce qui est confirmé par l'asturien moderne (1), où l'on rencontre la

(1) Cf. Munthe, p. 47 et suiv.

chute régulière de -*e* après *l, r, n, z* à la 3e sing. du prés. et la 2e de l'impératif : *val, sal, güel, quier, tien, diz, faz, parez*. Par contre *d* a amené des formes complètes avec le changement de -*e* en -*i* : *bulbedi, salidi, ydi, vedi, sedi* dans certaines contrées.

ε) Au tableau de M. Joret il faut ajouter la chute de -*e* même après *ch* et *x* : *yex* (= exit) Al. 1166 ; *pech* (= pectet) Avilés 184 ; — Imperat *yx* Al. 1108. *pech* S. Mill. 277. — Ce n'est pas l'existence de ces formes elle-même, c'est la possibilité de pouvoir les créer, qui a pour nous de l'importance ; elle montre, qu'en réalité l'espagnol, quant aux finales, était près de subir le sort du gallo-roman. A partir du XIVe siècle le castillan littéraire revient de plus en plus sur la tendance qu'il avait de faire tomber la finale ; les formes pleines deviennent normales, de façon qu'au XVe siècle ce travail de la restitution de la finale est terminé, excepté dans les formes crystallisées p. ex. à cause de leur position syntaxique (*diz me, plaz nos*, etc.). La raison en a dû être la grande influence de la langue écrite sur la langue parlée ; l'accent déclamatoire exigeant des sonores syllabes vocaliques, la finale, qui n'avait jamais complètement disparu, reprit sa valeur primitive (1).

-e DANS LES PROPAROXYTONS

La loi établissant que -*e* final doit tomber après les consonnes simples (excepté les labiales), est contrariée par une série de mots, dont l'explication donnée par les grammairiens ne paraît pas suffisante. Ce sont des mots comme *auce* (= avikem), *sauce* (= saliken), *cauce* (= calikem) Hita 752, *doce* (= dodekem), *trece* (= tredekem), *laude* (= lapidem), *peine* (= pektinem), *empeine* (= impetiginem). Pourquoi n'ont-ils pas donné oz, soz, coz, doz, lod, pein comme *coz* (= calkem), *hoz* (= falkem) ? On a soutenu, que : *u* ayant la valeur d'une consonne, -*e* a persisté comme après des consonnes doubles. Il convient de faire ressortir la difficulté de cette hypothèse par deux objections. D'un côté, pourquoi le groupe -*lk* dans *falkem n'a-t-il pas agi de la

(1) M. Amador de los Rios (Hist. crit. de la lit. esp., II, p. 601) dit « qu'on a restitué les terminaisons vocaliques pour donner une plus grande rotondité et cadence à la diction. »

même façon : de l'autre, pourquoi la diphtongue *-au* n'a-t-elle pas passé à la monophtongue dans *auce,* etc. ? Nous croyons qu'on pourrait la résoudre par l'application du principe rythmique : la divergence du traitement de la finale dépend de sa position syllabique.

Dans les paroxytons *l* par l'intermédiaire de l̄ (1) s'est vocalisé très anciennement et *-au* a passé de bonne heure à *-o*. Au contraire, dans les proparoxytons comme **salᵉke, *sal̄ke* -l̄ appuyé sur la posttonique en voie de disparition a été conservé plus longtemps à l'état de consonne : le processus de sa vocalisation s'est accompli relativement tard, de sorte que, *-au* en retard d'évolution est resté stationnaire à l'état de diphtongue. Le même phénomène s'est produit en français : cf. jaune (= *galbnum) contre joie (= gaudium) ou chol (= caulem).

De même dans *auce,* la conservation longtemps maintenue de la posttonique d'un côté a empêché la monophtongaison de *-au* et de l'autre a arrêté la chute de *-e* final.

*calikem donne régulièrement *cauce ;* la forme *caz* n'est pas étymologique car elle ne démontre pas l'élément *l*.

Il n'y a pas de raison pour que *-e* ne tombe dans *doce, trece,* si ce n'est sa position en proparoxyton. On voulait expliquer *doce* par l'analogie de *once,* mais par la même raison *dekem aurait dû donner *diece,* d'autant plus qu'il se trouve entre *nueve* et *once*.

On peut admettre que *laude* vient régulièrement de lapidem et par conséquent on peut ne pas le considérer comme mot savant.

L'agglomération des consonnes n'aurait pas empêché la chute de la finale dans *peine, empeine,* car le génie de la langue trouve des moyens pour l'éviter dans les paroxytons : *piskem, *faskem donnent pez, haz, *dulkem donne *duz* (loc. cit.).

Cependant deux autres séries de mots s'opposeraient à l'application générale de ce principe : *ángel, árbol, apóstol, cáliz, césped, huésped, jóven, márgen, mármol, órden ;* — herrén (= farraginem), *herrín* (= ferruginem), *hollín* (= fulliginem), *llantén* (= plantaginem), *robin* (= robiginem), *sartén* (= sartaginem),

(1) C'est le phonème qui existe en catalan et qui correspond au *l* dur dans plusieurs langues slaves.

serrin (serraginem). Mais on voit tout de suite, que de la première série : angel, apostol, même joven (*juvenem aurait donné juv^e^ne) sont des mots savants ; caliz a un doublet cauce ; margen, marmol sont des neutres ; huesped (1) et orden hésitent déjà en anc. espagnol ; F. Guerra cite *hospede* 1274, Avilés 59 ; *ospet* Avilés 57 ; le ms. Campomanes du F. j. présente *ordene* là où les autres ms. ont *orden*, p. XI.

Il ne reste que arbol. A cause de son isolement on est tenté de le croire formé d'après le nominatif. Observons, du reste, que ce traitement anormal n'a touché que les mots ayant au radical les consonnes *l, n, d, z ;* les mêmes qui ont rendu possible la chute de *-o*. L'espagnol aimant les formations terminées en liquides et en sonores a obtenu ce résultat en conservant la posttonique et en supprimant la finale.

L'autre série de mots est plus facile à expliquer. Entre deux hypothèses de M. Baist concernant les suffixes *-aginem,-iginem* (2) nous admettrions la seconde comme la plus vraisemblable ; dans ce cas les mots en *-aginem*, etc. devenus des paroxytons, la chute de *-e* s'expliquerait d'elle-même.

De telle façon la loi des proparoxytons français et provençaux embrasserait aussi l'espagnol et si nous essayons une contre-épreuve nous trouverons que des mots, comme *juez, pomez* ne peuvent venir que du nominatif (3) ; *judikem aurait donné *juece ;* en effet nous trouvons les formes *iudez* et *iudiz*, encore très rapprochées de la forme latine, dans des nombreux documents juridiques : Esp. sagr. p. 52, F. munic., p. 435 ; F. j., p. 3, p. 19 et *passim*. En revanche jamais nous n'avons rencontré *cont* ou *cuent* pour *conde* ou *cuende,* bien que la chute de *-e* dans les paroxytons *puent, mont* soit très fréquente en anc. espagnol.

Paris, avril 1897.

(1) Il faut distinguer *huesped* de *hueste* F. j. qui vient de hostem et signifie : la guerre.

(2) Grœber Grundriss I, p. 699. « On ne saurait dire si c'est la posttonique qui est tombée ou bien si c'est *g* qui a passé à *-j*.

(3) C'est l'opinion de MM. G. Paris et Meyer-Lübke, Gram. I, § 338 et II, § 4.

DIJON. — IMP. DARANTIERE, RUE CHABOT-CHARNY.

www.ingramcontent.com/pod-product-compliance
Lightning Source LLC
LaVergne TN
LVHW020500230826
846091LV00008BA/3289

* 9 7 8 2 0 1 6 1 3 9 8 0 6 *